Francisco Ferrero

EL AFORISMO Y SU CIRCUNSTANCIA

Diez tesis rizomáticas

cypress
CULTURA

1ª ed., marzo de 2025

φύσις κρύπτεσθαι φιλεῖ.
(Heráclito, DK B 123)

Colección φιλεῖ
Director: José Luis Trullo

© Francisco Ferrero
© Cypress Cultura

Thema: QD Filosofía

ISBN: 979-13-87504-04-5
Depósito legal: SE 3067-2024

IMPRESO EN LA UNIÓN EUROPEA

ÍNDICE

AGRADECIMIENTO

Querría dar las gracias a José Luis Trullo, cuyos ánimos fueron fundamentales para decidirme a extender unas escuetas notas en papel y convencerme de que, de algún modo, pudieran resultar interesantes para trasladarlas en este opúsculo.

Quisiera realizar también un humilde reconocimiento a los autores Juan Varo Zafra, Javier Recas y Demetrio Fernández Muñoz, cuyos trabajos sobre el aforismo en nuestro idioma me han resultado tan útiles para cartografiarlo tanto teórica como conceptual e históricamente.

Expresar también toda mi gratitud a mi familia y a mi mujer Nica, por su confianza incondicional y por facilitarme tanto lo que puede facilitarse como lo que no.

El ornitorrinco es un animal extraño, que parece concebido para eludir cualquier clasificación, ya sea científica, ya sea popular [...]. Los primeros colonos australianos lo tomaron por un topo, y efectivamente lo llamaron *watermole*, pero ese topo tenía un pico y, por lo tanto, no era un topo. Había algo perceptible, fuera del "molde" ofrecido por la idea de topo, que no se adaptaba a ese molde –aunque para reconocer un pico haya que suponer que tenían un "molde" para el pico.

Umberto Eco, *Kant y el ornitorrinco*

Es mi ambición decir en diez sentencias lo que todo el mundo dice en un libro entero –lo que nadie dice en un libro entero.

David Shields, *Hambre de realidad*

El aforismo y su circunstancia

Hoy, el aforismo ya no es lo que era. Al aforismo le ha llegado su (a)hora. Ya no se desempeña subrepticiamente desde la mismidad escurridiza de elusivos caminos. El problema es que la escritura dispersa está dejando de ser un problema y la cuestión es si esto pudiera desembocar en algo problemático para una presunta naturaleza original del aforismo. A esta forma de escritura (y de pensamiento) le ha llegado el momento de ser considerada a partir de una cierta relevancia adquirida y esto conduce a que sea abordada desde un estatuto de plena actualidad en el ámbito de la producción escrita. Pero, ¿qué es lo que era el aforismo?

***

Tradicionalmente, desde una concepción más o menos aproximada, existe un cierto consenso generalizado consistente en que al aforismo le acompaña no sólo denotativamente su carácter sucinto y sentencioso, sino una implícita naturaleza marginal (marginada, e incluso durante muchos períodos, automarginada) que hoy en día ya se presenta como sugestivo lugar común tanto para sus autores como para sus lectores. Lo que es novedad es que tales categorías le han encaramado hasta una inusitada popularidad y determinado prestigio (nunca falto de crítica), que han provocado que estas mismas características, otrora motivo de desatención, ahora, precisamente por permanecer conservadas a lo largo del tiempo, gocen de reconocimiento en gran cantidad de círculos tanto humanísticos como literarios, y se le esté prestando tanto detallada atención a su estudio como consideración a sus logros y producciones. Y estas políticas del estatus es lo que, quizá, puedan terminar acabando con él tal y como hasta ahora se le ha entendido.

***

La voluntad de sistema que no hace demasiado pugnaba por arrinconarlo en lo anecdótico, parece ahora querer fagocitarlo. Al aforismo le ha alcanzado la escuela, la historiografía, y cómo no, los especialistas; en otro tiempo sus cazadores, hoy aspiran a presentarse como sus taxidermistas. Se concitan a su alrededor un gran número de publicaciones, con escritores reverencialmente dedicados a su cultivo preferente, premios y grupos literarios de difusión. Goza de cierto reconocimiento académico, posee una delimitación literaria y puede realizársele cierto rastreo con resultados fehacientes de su más o menos constante despliegue policefálico en la historia. Y pese a todo ello, mantiene, aún, su carácter elusivo, refractario a toda definición doctrinal, lo que le permite conservar su esencial condición problemática para con sus potenciales análisis, lo cual, a la vez, es aquello que lo hace —lo que siempre le ha hecho— fértil para su expansión.

***

Ya en nuestro tiempo puede emplearse el término "aforista" con la misma legitimidad categorial con la que, por ejemplo, se nombra al poeta, cineasta o dramaturgo. Esto quiere decir que se da cierta asunción cultural en relación a lo que supone dedicarse a determinada expresión manifestada en términos estilísticos asociados a formas dispersas de elaboración literaria (sentencia, epigrama, máxima…)

***

El aforismo, de etimología griega (*aphorizen*) alusiva a un ejercicio de separación o definición, se revuelve cuando se pretende una definición o seccionamiento con intenciones epistemológicas sobre su figura. Toda definición o acotación de cualquier índole está destinada al fracaso porque supone desgajar un fragmento de algo no solo indefinible sino algo que en lo indefinible ha hecho su nido y que, contrariamente a una acostumbrada convención que últimamente se emplea para definirlo, no posee una naturaleza fronteriza sino interseccional, arraigada en su aleatoriedad conceptual y polimorfia discursiva.

***

El ejercicio de separación o definición, que puede entenderse también como discriminación, es una de las funciones principales de la inteligencia, una de las formas ancestrales de organización de los hallazgos producto de la observación y su derivado proceso intelectivo. Los albores del aforismo y de los métodos iniciales de la razón son semejantes.

***

En última instancia, el fragmento continente, *per se*, no requiere de una definición doctrinal, más bien, en todo caso, de una intensa vocación de perpetuo escudriñamiento, y, de no ser así, estará más cerca de diluirse en fórmulas impersonales ambiguas y genéricas en nuestra contemporánea cultura de consumo, a causa de excesivo sobreuso e intercambio semántico, convirtiéndose en pasto de mensajes coyunturales de autoayuda, aleccionamiento moral de celebridades y spots publicitarios que contribuyan a un rápido embalsamado dentro de la dura costra de irrelevancia que terminará flotando a la deriva en océanos de información datificada.

***

El mantenimiento de su original rebeldía, que sólo nos es dado esbozar a ráfagas, tal y como nos va llegando proyectada desde los rincones de su historia, garantiza que esta forma de escritura pueda seguir creciendo emancipada (y a partir de ahora, en la obligación de emanciparse de su creciente popularidad) *ad infinitum* como el testimonio íntegro de los flujos de conciencia transcultural humana.

***

Tendrá que pensarse bien si lo que se quiere es que el aforismo adquiera una categoría institucional tal y como lo son otros géneros con arraigo en un canon dogmático. Como institución pierde sus estigmas, y su institucionalización implica que va a cargarse de convenciones. Esto quiere decir que cuando se hable de aforismo va a hablarse consuetudinariamente de todo lo que se predica cuando se alude a un género literario y también que, en función de sus delimitaciones, se descarte aquello que en el aforismo no tiene por qué descartarse, como, por ejemplo, su hibridez.

***

La morfología de la escritura a retazos representa algo muy parecido a cómo se percibe subjetivamente la manifestación del pensamiento en su estado natural, sin concatenaciones argumentativas artificiales; es esto precisamente el fragmento: el retrato filosófico lírico de la manifestación íntima súbita del proceso del pensamiento. *Magister dixit*, Unamuno: "No se piensa más que en aforismos". El esbozo, en esencia, ilustra, en un nivel gnoseológico, la unidad primera que testimonia la naturaleza humana fluctuante, incierta, que vacila inevitable entre perplejidad y desvarío frente a los envites de la realidad, testimonio de la vida como proyecto que se hace en el "hacerse". Si la práctica de un género literario exige el esfuerzo de encajar el proceso intelectivo dentro de los moldes de cánones predeterminados en función de una tradición estética, el fragmento aforístico surge, espontáneo, como material virgen fruto de la simbiosis entre impresiones, sensaciones, apercepciones, productos de *psique* y *mnemosine*, todo ello garabateado por el trazo de una fórmula gramatical mínima con plena disposición y licencia expresivas.

***

Siempre parece existir en la intención sistemática una cierta tentación perversa de ordenar en su totalidad la vida. La obsesión de nuestro tiempo es la de clasificar y archivar. Toda renuencia a la definición enclaustrada se torna sospechosa, es decir, desechable. Entendamos, que, desde este logos homogeneizante, toda aproximación analítica al aforismo supone, cual infección bacteriana, una infiltración invasiva dentro de su organismo. El aforismo tiene que poder inmunizarse frente a estas prácticas, y sobrevivir a su actualidad (sobrevivir a su actualización documental y dogmatista, como si de la actualización de un sistema operativo se tratase) y circunstancias, la cuales exigen delimitaciones acerca de lo que ha sido, lo que está siendo y aquello en lo que puede ser dado devenir. Si no supera estas tentaciones clasificatorias con su naturaleza impredecible intacta, lo que hasta hoy se ha ido enriqueciendo en las letras acerca de esta forma de escritura corre el riesgo de fenecer con lentitud y muy escasa dignidad.

***

El fragmento no es lo opuesto a una totalidad, sino que es un aspecto que la refleja como una integralidad. La cognición es incapaz —hasta ahora siempre lo ha sido— de asir metodológicamente un pleno sentido de completud, a no ser que sea mediado por las proposiciones circunscriptas a una ilusión racional (recordemos aquí a Habermas: "la razón no es más que otra creencia"). Y nos preguntamos: ¿no es la ilusión una fracción generada a partir de la realidad —desconocida, oscura— al no poder ser aprehendida la realidad misma? El fragmento aforístico no es una parte del todo sino que es la segmentación subjetiva de una parcialidad total o la totalidad parcializada, el rastro de un murmullo, que es la forma en cómo podemos percibir lo circundante, cuya integración en el concepto de totalidad con el que sueña el afán de sistema, solo puede, en efecto, ilusionarse con que algún día pueda ser engarzado –y ser percibido– como conjunto.

***

Como importante diferencia con respecto a su(s) pasado(s) y antepasados, el estatuto del aforismo actual no sólo le fuerza a confrontarse consigo mismo, con la circulación connotativa de su imagen proyectada en esferas de relativa dimensión pública (ya no es tan marginal como una vez llegó a concebirse), sino además con su circunstancia debido a la autoconciencia que de sí mismo puede arrojar una paulatina institucionalización de un presumible *ethos* literario y lo que es posible que pueda venir después, esto es, que esta escritura comience a autorretratarse, a replicar una instancia congelada de sí mismo. No existe mayor sabotaje interno que la imitación recombinante de sí mismo como profecía autocumplida de la identidad.

***

Apuntar estos posibles riesgos puede servir como mensaje a los creadores: quizá la cosecha ha concluido y haya llegado el momento de la poda. Hay que seguir creando más aforismos, ejerciendo a la inversa el jalonar de la rienda que tira del caballo para adocenar su rumbo, tirando de él para reconducirlo constantemente a la exigencia libertaria de sus senderos salvajes antes que urbanicen (y peor, terminen gentrificando) para siempre sus territorios.

El caso del arte abstracto

Con la veta de una cierta querencia por la vanguardia, en el prefacio a su magnífico compendio *Efigies*, Cristobal Serra admitirá: "Príncipes del aforismo fueron pintores. ¿Quién no envidia los cuadros de un Braque, de un Chagall, de un Klee, si es un escritor bien nacido? El hombre que más admiro, en el campo de la acuarela, es Paul Klee. ¡Qué no daría para poder escribir como él pintó".

En 1958, con motivo de la construcción del edificio Seagram (marca de una gran compañía de bebidas alcohólicas) de Nueva York a cargo de Mies Van der Rohe, le fue encargada a Mark Rothko la elaboración de diez de sus característicos cuadros −bloques rectangulares de color conocidos como *campos cromáticos*− para la decoración del Four Season, restaurante para altos ejecutivos de empresa, que se hallaba instalado dentro del prestigioso edificio. Más de un año le llevaría a Rothko la elaboración del conjunto pictórico acordado. Luego de acudir a almorzar al Four Season, el artista cambiaría abruptamente de opinión, negándose en rotundo a prestar su obra para la decoración del lugar. El pintor se había dado cuenta de que las razones para la elección del encargo fueron de cualquier índole salvo artísticas. Sus cuadros iban a contribuir a la decoración de la más obscena banalidad.

Hubo un tiempo en que la abstracción pictórica llegó a suponer la promesa artística más revolucionaria en decenios. La radicalidad principal que planteaba la abstracción era el abandono de la representación mimética de la realidad originada en el Renacimiento, proponiendo una experiencia pictórica eminentemente subjetiva, íntima, a partir de un lenguaje plástico basado en los efectos provocados por las formas y el color tanto en el artista como en el espectador, algo que desestabilizaba una gran parte del significado del arte hasta principios del siglo XX. Con Kandinsky, Mondrian o Malevich como sus paladines, el arte abstracto, que tuvo inicios casi simultáneos en diferentes puntos del viejo continente y Rusia, fue diseminando sus efluvios por toda Europa, hasta que, tras la Primera Guerra Mundial y la revolución rusa, merced a una importante cantidad de artistas de vanguardia que emigraron a Estados Unidos, se extendería al arte norteamericano desde donde, con nuevos bríos, proyectaría su dimensión a través del expresionismo abstracto, un influyente movimiento de una alta carga intelectual, compuesto por un heterodoxo grupo de pintores, que renovaría esta forma pictórica y la impulsaría como el gran movimiento del modernismo. La respuesta europea a este estilo sería el informalismo, que daría lugar a una proliferación inusitada de artistas y obras a lo largo de todo el mundo. A partir del informalismo, fue creciendo una auténtica burbuja de excedente pictórico que conduciría a la pintura no representacional hasta el limbo de un hartazgo público del que, en cierto modo, jamás ha vuelto a salir, a causa de una cada vez mayor simplificación de las técnicas y motivos y a un banal sustrato teórico, ya poco semejantes a los manifiestos de principios de siglo XX. Y lo paradójico de este hastío es que han trascendido más sobre la abstracción tanto los disruptivos trabajos de los artistas de las primeras vanguardias como algunas pequeñas islas abstractas dentro de la historia del arte ligado a lo mimético, como, por ejemplo, obras puntuales de Monet (*Ninfeas*), Goya (*Perro semihundido*) o Turner (*Tres paisajes marinos*), las cuales, entre otras, contribuyeron a elevar el interés y la valoración de esta vía artística. Se ha hecho un asunto común el apreciar antes el valor pictórico en estos primeros hitos y vestigios protoabstractos junto con los de la primera vanguardia que el de las obras de los autores más recientes de la pintura no figurativa, sin nada realmente significativo que aportar al camino andado por sus precursores. De hecho, hoy, el arte abstracto tiene prácticamente pie y medio dentro del ámbito del interiorismo y la decoración.

Hasta tal punto ha derivado la vulgarización de la abstracción, tan afamada y revolucionaria en su momento, que Walter Robinson ha venido en llamarla "formalismo zombi", término utilizado por el artista (a la sazón, de estilo figurativo) en su artículo "Flipping and the rise of zombie formalism" (2014), con la idea de aglutinar a todas las obras que reproducen casi automáticamente fórmulas estéticas trilladas y poco imaginativas. A su criterio, estos dos conceptos intentan replicar estilos aparentemente superados en la trayectoria abstracta, especialmente en lo referido al éxito que supuso el expresionismo abstracto dentro de los (en su momento) preponderantes criterios teóricos de Clement Greenberg. Sin la pretensión de constituir una teoría cerrada, con el concepto de "zombi" el pintor pretendía explicar una característica sobrevenida en el arte abstracto que en los últimos años se ha ido popularizando con la idea de calificar a un conjunto de prácticas comunes a las producciones culturales posmodernas en general, basadas en el pastiche, replicado o simplificación de lo que en el pasado fueron innovaciones en el campo estético y artístico, manteniéndolos artificialmente vigentes, a modo de muertos vivientes, como si aún conservaran la vida de su novedad original, esto unido a la promoción de novedades superficiales revestidas con la pompa de una supuesta innovación para renombrar indisimulados refritos y fundamentado en discursos y estrategias de mercado establecidos los por circuitos legitimadores del arte como instituciones museísticas, bienales, etc. A juicio de Robinson, estas obras constituyen un "simulacro de originalidad", explicando que "en nuestra era posmoderna, la originalidad *real* sólo se puede encontrar en el pasado, por lo que hoy sólo tenemos su eco"; por ello "el formalismo zombi nos ofrece una serie de hitos artificiales".

Pese al gran interés que existe hoy a su alrededor y a las apreciables cuotas de prestigio que el aforismo está consiguiendo, tener en cuenta este concepto de formalismo zombi resulta interesante y quizá un serio aviso si lo miramos a partir del relativo éxito actual de la escritura breve. Al respecto de esto, hemos de aducir que es curioso cómo sigue siendo preferible, tanto para editoriales como para círculos especializados o al público más profano, el leer, reconocer, recomendar, difundir y celebrar a clásicos del aforismo en lugar de autores contemporáneos, los cuales, habitualmente quedan muy rezagados en preferencias lectoras y producción editorial frente a los grandes autores del aforismo. Y en parte, esto podría tener su explicación; de hecho, dentro de la literatura aforística actual, se distinguen en no pocas obras, unos muy reconocibles rasgos estilísticos, temáticos o conceptuales de los autores que consideramos clásicos y que han contribuido al prestigio del género. Es sencillo encontrar flagrantes sucedáneos de –por nombrar algunos– Nietzsche, Cioran o Bobin. El aviso está en las muchas preguntas que podemos hacernos al hilo de este posible riesgo de estar asistiendo a la producción de obras planas, de escasa originalidad y con unas influencias groseramente disimuladas. ¿Cuántos artefactos gramaticales de hoy no pasan por ser émulos poco esforzados de las greguerías? ¿Qué cantidad de obras vienen a suponer una aportación de verdadera originalidad en el terreno de la escritura breve? ¿Cuántos autores han logrado poseer una voz propia no susceptible de confundirse con otras? ¿Cuántos libros genéricos de aforismos emplean los mismos temas y fórmulas retóricas? ¿Podemos estar presenciando el posible amanecer de otro producto cultural zombi destinado a una cosmética irrelevancia?

Historia como Norte

Los presentes no se comprenden, se viven. El único vector para comprender los hechos (la manifestación inmediata de los mismos), es el *a posteriori* de sus consecuencias. La comprensión forma parte de la capacidad de reorganización retrospectiva de la experiencia que posee la racionalidad, la cual conceptualiza vivencias que dentro del instante se tornan generalmente inconmensurables y disponibles para el análisis inmediato. El presente es un enigma al que sólo puede sobrevivirse. Es a partir de lo pretérito desde donde puede encontrarse un sentido de dirección en la maraña del presente.

Puede repetirse cuanto se quiera de dónde viene el aforismo y qué es lo que significa desde su etimología, pero esto no va a erigir ninguna escuela. Como forma de escritura –entiéndasela, si se quiere, como género–, el aforismo, frente a otras, tiene ciertamente más historia que escuela. Antes que los hitos, tropos, máscaras o figuras notables que ha ido esculpiendo e incorporando esta escritura alrededor de sus contornos, lo aforístico posee un incomparable acervo de constelaciones. Desde este cúmulo de episodios a lo largo de su historia es desde donde habría de mirarse –en la actual autoconciencia que sus autores y estudiosos lo hacen– y ser mirado –por quienes aspiran a poner en duda la consistencia de su estatuto literario– en su situación actual. La historia del aforismo se lee tal y como se hace con un libro de aforismos, esto es, hitos significativos por sí mismos separados por espacios que no los vinculan entre sí más allá de las particulares consideraciones que el lector/estudioso interprete. Cuando escudriñamos la historia de la aforística acometemos la misma subrepticia ligazón con sus hitos que cuando nos entregamos a la lectura de un libro de aforismos, relacionando unos por el valor –de cualquier índole, estilística, temática, conceptual, relevante– que adquieren para nosotros como por su relación con otros aforismos ya existentes y con otros aforismos de la misma obra, todo bajo el reordenamiento que cada lector articule según su preferencia/sensibilidad.

Ocurre lo mismo en una visión de la historia de los mismos: seleccionamos según un criterio particular la relación de estos episodios con la conciencia y la morfología que pretendemos asignar al linaje de esta práctica literaria. Algunos estudiosos dan más prioridad y relevancia a ciertos autores y momentos culturalmente significativos que a otros para elucidar el despliegue histórico de la escritura breve.

Además, en su camino hacia cierta categorización, llamaría la atención sobre esto: si cada país o cultura posee su propia consideración sobre el aforismo, ya tendríamos que hablar, antes que de un aspirante a género, de un fenómeno propio de antropología cultural que posee naturaleza literaria. En el 2000 a. C., en Sumeria, ya se datan compendios de definiciones entremezcladas con parábolas y explicaciones destinadas en exclusiva a reyes y nobles, formas antiguas de aforismos que prescribían metafóricas enseñanzas aleccionadoras herederas de los relatos y parábolas orales. De modo general, estas enumeraciones se agrupaban en torno a términos como "amor" o "amistad", que constituían consejos, normas de actuación y reflexiones en torno a los temas que los encabezaban. También, por ejemplo, el aforismo nacería en la quietud contemplativa de la tradición religiosa China, con la obra *Tao Te Ching* como referencia canónica. El *Eclesiastés* hebreo compendia un conjunto sapiencial de aforismos. Los consejos médicos griegos de Hipócrates, y desde ahí, los regímenes de conducta moral desde donde viraron hacia la disquisición racional y el solipsismo intimista en inabarcables vaivenes que puenteaban mezcolanzas filosóficas o poéticas tamizadas por la biografía de sus autores. Como afirma el filósofo Javier Recas, autor de varios estudios sobre esta escritura, el aforismo remarca su carácter eminentemente subjetivista a partir de la modernidad, cualidad que pervive acentuada hasta hoy en día, y que, a nuestro juicio, no se está agotando, pero sí que parece estar incurriendo en un reiterativo uso afín al tono poético y fondo filosófico que empieza a verse desproporcionadamente cargada de más contenido homogéneo que de virtuosismo. Quizá para encontrar en nuestros días nuevos caminos hacia otras formulaciones expresivas, hemos de retrotraernos, más de lo que habitualmente se hace, a los antiguos o a los clásicos si quiere decirse así, no para redundar en la réplica de sus descubrimientos formales, sino para aprender, desde la perspectiva de su contexto cultural cómo el instinto y actitud de descubrimiento de cada autor, su arrojo y vocación experimental alentaron su ánimo de inquirirse acerca de las vicisitudes de su época, comprender a los autores y no sólo a las ideas, estudiando cómo cada autor entabló relaciones dialécticas con y contra las ideas y convenciones de su tiempo para elaborar una sintaxis propia a partir de las fórmulas de pensamiento que hoy nos llegan como fórmulas magistrales pero que en su momento supusieron un desafío para sus creadores, conformando un territorio crítico y analítico para acometer tentativas de renovación de las estructuras estilísticas actuales. El aforismo debe ser estudiado como fenómeno literario sensible no sólo a la influencia filosófica o lírica, sino cultural, política y social a su alrededor, inscrita en las formas de comunicación particular que se filtran en los modos de expresión minoritaria y de lo minoritario que en cada época se han ido sucediendo, para entender cómo es posible operar en lo contemporáneo a partir del ingente acervo que ha ido acumulando lo fragmentario, lo cual supone realmente una guía coherente para orientarse desde su historia.

Parafraseando a Kierkegaard, el aforismo avanza hacia adelante pero ha de ser comprendido hacia atrás. Su comprensión exige una denodada prospectiva. Según la RAE, prospección es un término relativo a la exploración del subsuelo de un terreno en busca de yacimientos. Esto se ajusta muy bien a la paráfrasis. Además, el término admite otra acepción útil a nuestro propósito, a saber, "exploración de posibilidades futuras basadas en indicios del presente". Esos indicios del presente sólo cabe rastrearlos en la diversidad de sus diferentes expresiones pasadas. Para Paul Valéry, "las obras del espíritu, poemas y demás, se refieren únicamente a aquello que dio origen a lo que les dio origen". Visitar el pasado del aforismo debería parecerse más a una expedición por un archipiélago inabarcable que por un continente.

La historia del aforismo, hoy considerablemente bien delimitada, concita episodios nítidos pero diferentes entre sí, sin un nexo vertebrador *ex temporis* que permita organizar epistémicamente sus estructuras, más allá de las expresiones formales y el sustrato conceptual gnoseológico dominante en cada periodo histórico. Para ello, nos sigue sirviendo invocar el concepto de *antimoderno* de Antoine Compagnon, la mirada retroactiva de Jano, que avanza sin detenerse mientras no pierde de vista el pasado, o del ángel de la historia que ya mencionara Walter Benjamin, el cual debe continuar con su mirada hacia el pasado e intentar seguir rescatando, en nuestro caso, a los autores, sus semblanzas y obras marginados por las corrientes dominantes de la hegemonía dogmática de los grandes géneros. Así, nos resultaría más fructífero observar la cosmovisión panorámica de la historia de esta escritura como una constelación de la que aprender cómo se despliegan en el tiempo sus variopintas formas antes que como un edificio en el que examinar sus departamentos.

Palabras

La palabra habla del pasado, del presente, del tiempo, del mundo mediante lo literario, pero lo literario mediante el pasado, el presente, el tiempo, el mundo habla de la palabra. En crear en/con la palabra existe un compromiso prometeico con la búsqueda de alumbrar nuevos sentidos e ideas acerca de posibles realidades mediadas por el lenguaje. Podemos ver la extremada delicadeza que duerme en el uso de la palabra cada vez que se elabora un aforismo; el orden semántico de la realidad se reordena dentro del restringido y frágil establecimiento simbólico que contienen las palabras escogidas para vehicular la subjetividad del sentido otorgado a la reflexión que se desea transmitir. En el empleo de las palabras se siente una suerte de tacto, como si al seleccionar el signo usáramos las manos entretejiéndolo a su sentido. Es precisamente el sentido un delicado líquido inflamable que cada palabra transporta cuidadosamente dentro de la secuencia semántica de lo escrito hasta el lector.

El lenguaje es el vestigio del pensamiento. Se sabe cómo piensa una sociedad por cómo se relata. Hasta este momento, la transmisión de conocimiento e información en nuestra cultura se ha dado primordialmente a través del lenguaje, de su palabra. Si exceptuamos los mecanismos del poder y los espasmos históricos de barbarie organizada en las diferentes formas de guerra, es desde el especializado y meticuloso uso de la palabra que ha dependido la deriva de nuestras civilizaciones y su relación entre las diferentes sociedades. En 1999, el filósofo Peter Sloterdijk publicó un breve ensayo escrito titulado *Nor-*

mas para un parque humano, destinado, en un principio, a ser dictado como una conferencia que serviría de respuesta a la *Carta sobre el humanismo* de Heidegger, retomando la relación de la cultura con el avance de la técnica. En el texto de Sloterdijk se reflexiona en torno a la idea de cómo la aceleración e incremento del progreso tecnológico influirían decisivamente en el devenir de nuestra cultura occidental, determinado profundamente por la tradición de la lengua y el papel epistémico y civilizatorio del libro, esto es, de la palabra escrita. La tesis principal enunciada por el filósofo alemán se basaba en la idea de que, en la modernidad, el impacto tecnológico, sobre todo en el ámbito de los medios de comunicación (radio, televisión, publicidad, etc.), había degradado considerablemente la influencia del libro en la transmisión de conocimiento, colocando la raigambre de toda nuestra cultura occidental y humanista en una posición de comprometida fragilidad. Aquello hacía necesario repensar al ser humano dentro un nuevo orden donde la influencia del libro no sería ya central, sino que se imponía considerar ahora a la ciencia como la disciplina dominante en una esfera cultural que condicionaría dramáticamente la deriva del progreso de la civilización y de la idea misma del ser humano. A propósito de esta idea, dentro del marco contemporáneo de las formas de relación y de uso del lenguaje, también nos resultaría útil tener en cuenta el concepto de "generación post-alfa" acuñado por el filósofo Franco "Bifo" Berardi. El italiano reflexiona sobre la actualidad de la influencia –cada vez más escasa– del lenguaje escrito, apoyándose sobre una idea de Marshall McLuhan: "Cuando a lo secuencial le sigue lo simultáneo. La facultad crítica presupone una estructuración particular del mensaje: la secuencialidad de la escritura, la lentitud de la lectura, la posibilidad de juzgar en secuencias el carácter de verdad y falsedad de los enunciados. En esas condiciones era posible la discriminación crítica que caracterizó las formas culturales de la modernidad. Pero en la esfera de la comunicación videoelectrónica, la crítica ha ido progresivamente sustituida por una forma de pensamiento mitológico, y la capacidad de discriminar entre la verdad o falsedad de los enunciados se ha vuelto imposible e irrelevante".

¿Qué papel puede cumplir la escritura en formato breve dentro e la situación precaria de la palabra escrita? Además de su valor dentro del ámbito literario, si de verdad le otorgamos valor filosófico y (no forma parte de una pose), sin mostrarnos demasiado ingenuos, deberíamos contemplar decididamente la posibilidad de ampliar la mira de la escritura aforística y resignificar para esta un papel político de resistencia (palabra-lentitud *vs.* imagen-velocidad) y una función alternativa en estas fórmulas breves que, como ventaja, tienen la oportunidad de coexistir dentro de los entornos digitales donde proliferan estímulos visuales como principal fuente de información, entornos en los que, seamos sinceros, todos nos movemos durante una parte muy significativa de nuestro tiempo. Así, la capa social más afectada por esto, las nuevas generaciones, puede llegar a sentir alguna atracción por la palabra escrita. Por supuesto, el aforismo no va a salvarnos de estos procesos, pero puede constituir una interesante línea de defensa y adquirir plena vigencia contra estas derivas que degradan las capacidades intelectuales humanas, precisamente aquellas que se ven gratificadas por la escritura y generan ciudadanos con potencial vocación crítica ante todo lo que le rodea.

"Los límites del lenguaje son los límites del mundo", afirmó Wittgenstein en su popular sentencia. Si nos hurtan los valores del lenguaje, ¿qué puede quedarnos del mundo? Más que en los recursos gramaticales, es el cultivo meticuloso, en la elección, precisión y preciosismo en los engarces de carga semántica, figura retórica y encuadre conceptual (lo que se dice, cómo se dice y qué se dice) alrededor de la palabra, como siempre y, especialmente hoy, como nunca, pone en liza la expresión breve su relevancia de su profundidad. La línea aforística secciona los discursos (que hoy buscan un relato sesgado de la realidad) como la hoja de una navaja, porque habla de cómo lo indecible puede relatarse rodeando lo dicho del espacio en blanco de la indecibilidad, haciendo de lo decible un territorio insular entre inmensidades silentes. El testimonio es parecido al de Wittgenstein: entre la realidad y el lenguaje se da un abismo inaccesible a la explicación por la lengua. Pero la palabra es otra cosa, y el fragmento conforma el espacio en el que la palabra representa al pensamiento como confesión sucinta de ese abismo insondable. Sobre lo que no se puede hablar, mejor callar. Si bien, hay cosas de las que no se habla que el mundo no nos permite callar; es en esa interzona donde se encuentra el espacio del aforismo ya que, como afirmaría Benjamin, "las cosas tienen su propio lenguaje y ese lenguaje necesita ser testimoniado".

Dotar de valor y trascendencia a la palabra y al trabajo con ellas supone más que el simple uso intencional y comunicativo de un signo u otro, son los procesos racionales lo que se encuentran hoy en juego. El cultivo minucioso del léxico acomete potencialmente una militancia de guerrilla contra el emoticono y el autocorrector que, a su vez, se presentan como caballos de Troya en nuestro cerebro. El pensamiento secuencial contra el pensamiento simultáneo. Por eso, hay que abundar en lo urgente que se hace el remarcar la dialéctica palabra/imagen, el diccionario contra Google, el retazo imprevisible contra la tasación de 140 caracteres. Y a quienes puedan descreer de la necesidad de aplicar el máximo rigor intelectual y creativo en la relación con la palabra y de la necesidad de apropiarse de la misión de continuar haciéndola trascendente, un último aviso: Chat GPT ya genera aforismos con inusitada competencia gramatical.

Un aforismo de Ramón Eder contra la twitterización de las formas literarias escuetas: "El aforismo es el género literario más fácil de escribir, también el más difícil de escribir bien". Si pretendemos que el uso de la palabra continúe siendo relevante en su relación –tanto simbiótica como dialéctica– con estos nuevos entornos, no basta con seguir usando la palabra como elemento subordinado adyacente a las nuevas lógicas de comunicación, sino que ello nos exige un rigor especial ante la situación de profundo cambio de paradigma que estamos atestiguando.

El aforismo en aforismos

1. Un aforismo cumple su función haciendo de su fondo –su sentido a expresar– una elipsis conjeturable.

2. Un libro de aforismos habría de ser leído como si fuese un artefacto circular: partiendo de cualquiera de sus páginas, desde cualquiera de sus aforismos, al principio o al final, se llega al punto de partida una vez realizado todo el recorrido.

3. Es posible que una línea contenga un aforismo, pero ningún libro puede abarcarlo.

4. El aforismo requiere un esfuerzo intelectivo tanto por parte del creador al componerlo como del lector al interpretarlo; si no, se convierten en "aforismos centones de máximas adocenadas y perogrullescas" (Cristóbal Serra).

5. El aforista decanta testimonialmente la fórmula magistral de una idea única coincidente en el espacio, el tiempo y en su propia presencia.

6. La praxis fragmentaria conserva la esencia misma de la cognición humana: la búsqueda perpetua ante la sugestión de lo incierto.

7. Los aforismos buscarán su comienzo o conclusión en un mismo punto: el filo de un acantilado.

8. El ensayo es asaltado por el poema en su ruta hacia la realidad; la crónica de este asalto construye al aforismo.

9. Un aforismo tiene que poder esconder el Sol en el ojo de una cerradura.

10. Todo lo que aprendemos del aforismo es lo que nunca nos *enseña*.

Una escritura de nombres propios

Todo gran trabajo literario disuelve un género e inventa otro.

(Walter Benjamin)

En el aforismo subyace una forma particular de rebeldía, aquella que constituye la naturaleza autónoma primordial de todo creador, la única capaz de permitirle emancipar su mirada más allá de los contornos del mundo.

Volvemos a repetirlo: puede repetirse hasta la saciedad de dónde viene el aforismo y qué es lo que significa desde sus orígenes etimológicos o cualidades comunes, pero esto nunca será suficiente para erigir una escuela en su nombre. Lao Tse, Hipócrates, Séneca, Pascal, Gracián, Joubert, Nietzsche, Wittgenstein, Canetti, Renard, Lec, Kraus, Cioran, Pessoa, De Chazal, Bobin, ninguno tienen nada que ver entre ellos, y ni mucho menos podría aunársele metódicamente ninguna prerrogativa vinculable a una escuela, a menos que usáramos un término tan genérico que pusiera en evidencia el sesgo de nuestras intenciones. La mayoría de los grandes autores que asociamos a los momentos cúlmenes del aforismo carecía una especial conciencia de lo fragmentario y su dimensión cuando realizaron sus creaciones. Resulta un imposible teorético establecer un linaje literario común que pueda redirigir dentro de determinados contornos estilísticos las referencias de unos autores a otros salvo por meras coincidencias temáticas o retóricas, o por afectividad del lector o investigador con los mismos, sin más. Aquello que los emparienta es su diferencia y la originalidad en no tomar apenas modelo alguno para encontrar una vía literaria definida: hicieron de su existencia y su escritura un género propio del que retroalimentarse; además, una gran parte de su trascendencia estriba en haber generado para nosotros una fuente generosa de la que libar.

La cuestión de si es posible trazar una historia de un modelo de escritura de naturaleza tan individualista o más bien, si esta historia está relativamente determinada por la marca que dejen los autores dispuestos a pasar el cadalso del olvido y la marginación que supone esta escritura, la cual deja tan sólo una dudosa posteridad, muy cercana (y en muchas ocasiones estrechamente vinculado) a las opacidades del tradicional malditismo literario. Y es precisamente ese testimonio lo que queda como núcleo central del aforismo.

Retazos de una cultura de retazos

Los ritmos de la máquina de escribir favorecen la
escritura de frases breves, concisas, con una forma oral.

Marshall McLuhan

Vida en las ciudades

En su obra (publicada en 1903) *La metrópolis y la
vida mental*, el sociólogo Georg Simmel fue uno de
los primeros autores que llamó la atención acerca del
fuerte contraste entre las nuevas formas de vida que
estaban emergiendo, por un lado, en las crecientes
ciudades, paulatinamente más complejas en sus entramados arquitectónicos, administrativos y sociales
y, por otro, las que iban menguando, relativas a la
tradicional vida en el campo. Simmel detecta en la
vida urbana una experiencia de percepciones conti-
nuamente fragmentadas por los nuevos ritmos, algo
que afectaría a las relaciones psicológicas, sociales,
comerciales, laborales y, en suma, a la experiencia
vital de la gente involucrada en tales ritmos. Esto supondría un todavía pequeño pero muy sintomático
agrietamiento con respecto a lo que, con posteridad,
supondría el resquebrajamiento de lo que se entendía
por modernidad.

Flânerie por calles de sentido propio

Tanto la obra filosófico-sociológica de Walter Benjamin como la poética de Baudelaire están atravesadas por la figura del *flâneur*, o paseante extraviado que recorre las calles y observa las florecientes manifestaciones de la vida urbana y del auge del sistema económico capitalista impregnándose en todas las capas de la cotidianidad. El paseante, sin oficio definido, recorre las calles perdiéndose a conciencia con el fin de ir recogiendo, como un ropavejero, los retazos de las nuevas realidades en la que el avance de la técnica, la tradición y la economía de mercado se entremezclan en experiencias de consumo que vehiculan los significados axiales de la sociedad moderna. Aunque se desplaza en un espacio común, el flâneur se desempeña en un tiempo otro, un tiempo perdido, oblicuo y discontinuo, opuesto al tiempo lineal (linealizado) del trabajo y la productividad.

Novela folletinesca

Las nuevas formas de vida propiciadas en las ciudades a partir del siglo XIX, junto con el gran desarrollo de los medios de comunicación y el auge de la burguesía como gran clase dominante, inversora y consumidora, verdadero motor social de la modernidad, expandirían nuevas formas de difusión cultural orientada principalmente al consumo masivo y el entretenimiento de estas clases. Un caso curioso es el de la novela por entregas o el folletín. El periódico, convertido en el artefacto cultural de difusión de ideas y de noticias más popular y accesible de aquel tiempo, sirvió de plataforma principal para el folletín. Al final de los periódicos aparecían pequeños extractos o capítulos pertenecientes a novelas que se iban completando con cada entrega del diario. Aunque siempre se ha atribuido a este tipo de literatura una escasa calidad, las novelas por entregas permitieron el acceso de la lectura al gran público generando uno de los primeros episodios evolutivos de la cultura popular que darían forma a nuestros modos de consumo actuales.

Música de amueblado

En 1917, el compositor Erik Satie denominó "musique d'ameublement" a un conjunto de cinco piezas musicales (aunque, a posteriori, se identifica con ese nombre a muchas otras obras del repertorio de Satie) muy breves –no duraban más de dos minutos– destinadas a ser interpretadas por músicos en directo en espacios de exposiciones, actos sociales o ambientes públicos. Estas nanofonías, a juicio de Satie, estaban desprovistas de cualquier intención artística, antes bien, servían, como confesaría a su amigo Jean Cocteau en una misiva, "para satisfacer las necesidades principales. El arte sirve para satisfacer las no principales". Como si en la trastienda de este concepto se escondiese una chanza dadaísta, la función que Erik Satie asignaba a estas piezas era la de un decorado ambiental, música para pasar desapercibida, mientras que proveía de una determinada atmósfera sugestiva al lugar donde se interpretaba. Este concepto sería precursor de la determinada *Muzak*, o música para ascensores, grandes centros comerciales o aeropuertos y, más tarde, de la música ambiental, que sería desarrollada por artistas como Brian Eno o John Cage, tomando el testigo experimental de Satie.

Infraleve

El calor de un asiento que se acaba de dejar de usar. El sabor del humo que queda en la boca al fumar. Las caricias. El aliento sobre un cristal. El roce del pantalón sobre la piel. La caída de las lágrimas. El aire de París encerrado en una ampolla minúscula de cristal. En estas y otros pequeños retazos de la experiencia humana residía la esencia de la mirada artística para Marcel Duchamp. A estas mínimas unidades perceptuales, Duchamp las llamó *Infraleves* (Inframince), definiéndolas como "todas las pequeñas manifestaciones de energía (en exceso o desperdiciadas) del hombre". Lo infraleve aparece como la consecuencia fruto de las constantes y discontinuas interacciones entre el movimiento friccional de objetos y personas, sonidos de contacto con la vida, fenómenos evanescentes que desgajan partículas perceptivas testimoniando sus sutiles interrelaciones mientras se disipan al no descansar sobre ningún soporte.

Aldea global

Mucho antes de que Internet se hubiera convertido en un elemento habitual en nuestros entornos sociales, la idea de aldea global con la que tanto se ha asociado a la red y que resulta tan familiar en nuestras sociedades contemporáneas, fue acuñada por el teórico canadiense Marshall McLuhan, estudioso de los medios de comunicación y el impacto tecnológico en los mismos. Gran parte de la obra escrita de McLuhan está armada en un estilo fragmentario.

En *Understanding media* (1964) comenzó a mencionar el concepto de aldea global, relacionado con las implicaciones que los grandes avances tecnológicos estaban teniendo en lo relativo a la superación de cualquier barrera geográfica o cultural que el desarrollo de la comunicación había supuesto para conectar a los seres humanos mediante una suerte de interfaz tecnológica. Hoy, una gran parte de las formas de relación humana están mediadas por la red y la tecnología, estructuras en las que confluye simultáneamente todo tipo de información de cualquier parte del mundo. La proximidad *on line* de toda esta información posee el potencial de generar una sensación de vinculación mundial como nunca antes hemos podido experimentar y, a la vez, nos presenta un mundo cuyos excedentes de información conforman una plétora abrumadora de realidades paralelas que quizá demanden una nueva forma de humanismo de alcance planetario y transcultural que, de alguna manera, consiga hilvanar los jirones de información que se entremezclan a diario en nuestros dispositivos.

En 2020, durante las megacuarentenas llevadas a cabo a causa de la pandemia de Covid-19, se demostró que al progreso técnico que facilita una sociedad hiperconectada no le acompaña un progreso humano y moral a la altura. Las profundas experiencias de desconexión y aislamiento nos demuestran que la velocidad con la que aumentan las conexiones nodales de datos e información de las plataformas *on line* a través de las que interactuamos en nuevas formas de sociabilidad, exceden con mucho nuestra capacidad de aprehensión de cambios tan vertiginosos, lo que está resquebrajando partes de nuestra estructura cívica de una forma mucho más profunda de lo que podía esperarse. La continua dispersión de los flujos comunicativos en un mundo *on line* (ya inextirpable del mundo analógico) y la alarmante reducción de capacidad de atención humana derivada de los mismos, alertan sobre la deriva sin control de estas nuevas formas de comunicación.

La sociedad del espectáculo

La sociedad del espectáculo (1967) es una obra estructurada en nueva capítulos que se desgajan en 221 tesis aforísticas basadas en la idea, de inspiración marxista, de que las relaciones entre mercancías (visuales) han sustituido a las relaciones entre las personas, con la representación de imágenes como epítome definitorio de esta época. Además de ofrecer una influyente diagnosis como base para estudios sociológicos de la contemporaneidad, esta obra supone un retrato tan crudo como anticipatorio de la sociedad en la que vivimos, donde la espectacularización de la información, filtrada por el tamiz de los medios de comunicación y sus reacciones a la misma sustituye a la importancia fáctica de los acontecimientos. Guy Debord no se quedó en el terreno teórico-especulativo, e intentó protagonizar (hasta su disolución en 1972) varias acciones contra la sociedad capitalista desde los planteamientos de la Internacional Situacionista, agrupación que, bajo estrictos principios marxistas, intentaba combatir, mediante acciones subversivas diversas y *performances* de valor simbólico, con las esferas culturales influidas por las lógicas de la economía capitalista.

Estrategias oblicuas

No es infrecuente el síndrome de la hoja en blanco, el célebre bloqueo del escritor; de hecho, esta sequía, en ocasiones, puede darse de forma abrupta y momentánea y otras puede prolongarse por años. En realidad, se trata de un fenómeno que alcanza a cualquier disciplina en la que la creatividad juegue un rol definitorio. Junto a Peter Schmidt, Brian Eno, artista multidisciplinar que ha fundamentado gran parte de su trabajo en la producción musical, con la idea de poner a disposición un recurso que facilitase procesos de pensamiento lateral que sacara a los creadores de estos bloqueos, pergeñó un original mazo de cartas compuesto por un amplio conjunto de frases cortas extraídas de diferentes fuentes documentales, anecdóticas, sapienciales, artísticas o culturales, cuyo funcionamiento dictaminaba que, previo barajado, debían de ser escogidas al azar (una carta por elección) para ajustar las intenciones del creador a la ambigüedad de su contenido, siguiendo más o menos al pie de la letra lo que la carta elegida dictaminaba cual imperativo oracular.

Sampling

La música jazz es un estilo famoso por su originalidad y por la importancia que otorga a la improvisación. A principios del siglo XX, en Nueva Orleans, era frecuente que los músicos de las diferentes bandas que alternaban cada noche se homenajearan unos a otros intercalando en sus canciones pequeñas piezas melódicas que formaban parte de las canciones de sus colegas. Estos gestos de camaradería crearían un hábito cada vez más practicado entre los diferentes intérpretes de esta rama musical. Más adelante, en los años 70, y merced a avances en la tecnología de reproducción musical en bucle (*loop*), como el que portaba el Mellotron, la tecnología de las cintas y grabadores de sonido, junto a la manipulación casera de una nueva figura híbrida entre compositor y *performer*, los DJ, en las que cortaban y pegaban, bajo sus propios criterios creativos, segmentos de piezas musicales diversas extraídos para experimentar mezclándolos con bases rítmicas pregrabadas, generaron el método de grabación y composición musical que se conocería como *sampling* (del inglés *sample*, muestra). Las posibilidades que ofrecía la extracción y fusionado de segmentos de otras canciones permitiría a jóvenes de bajos recursos de barriadas norteamericanas dar a luz a uno de los estilos musicales dominantes con que mayor claridad han perfilado la morfología de la cultura popular en la sociedad contemporánea: el Rap y el Hip Hop.

MTV

Tras programas musicales como *Top of the Pops* en Gran Bretaña o *Soul Train* en Estados Unidos, que emitían actuaciones en directo (en *playback*) de grupos populares en espacios similares a las salas de discotecas, la propuesta de MTV (Music TeleVision) ofrecía pequeños videos musicales de los *singles* que cada grupo lanzaba para promocionar sus respectivos álbumes. Estos vídeos no se limitaban a exponer a los miembros de un grupo simulando una actuación, sino que exploraban formas artísticas visuales para ilustrar (o contar una historia visual propia paralela al desarrollo de la canción) los mensajes que transmitían las canciones. En 1981, *Video killed the radio star*, de The Buggles, se convirtió en el primer video musical emitido por MTV, canal cuyo formato alcanzaría una inmensa influencia musical y en la cultura popular a lo largo de tres décadas, con sus pases diarios de los mayores éxitos junto a sus *charts*, tablas de clasificación de los temas según ventas y popularidad. Este formato se expandiría a Europa y por todo el mundo, siendo replicado por la versión nacional de la televisión de cada país.

1984

La década de los ochenta estuvo marcada por la lucha –que había comenzado en los setenta con computadoras todavía de un precio elevado– entre grandes compañías electrónicas por presentar modelos cada vez más complejos de computadoras para uso doméstico. A la luz del potencial de estas máquinas, cada vez más empresas comenzaron a invertir en la mejora de los ordenadores, lo que abarataría los costes y daría la oportunidad de fabricar computadoras más accesibles. Marcas hoy tan emblemáticas como Atari, Sinclair, Texas Instruments, IBM, Apple o Commodore pusieron a disposición del público diferentes modelos que ofrecían aún unas escasas posibilidades de interacción para el usuario, pero que constituían un gran atractivo como, por ejemplo, los juegos. A principio de los años ochenta, las ventas de estas unidades se dispararon.

En 1981 la compañía IBM presentaba su modelo de ordenador personal llamado PC para competir con el Apple II. La novedad es que este modelo incorporaba una casete de audio con posibilidad de almacenamiento externo. Fue tal el éxito de este computador, que la revista Time le otorgó el título de "persona del año" por primera vez a un objeto, anticipando la revolución en ciernes. El Commodore 64 se convirtió, en 1982, en el ordenador personal de mayor número de ventas de la historia, acumulando 17 millones de máquinas adquiridas. El año siguiente, Apple introduciría el Apple Lisa, que incorporaba por primera vez un modelo dispuesto de una interfaz gráfica. En 1985, Commodore daría salida a

Commodore 128, que añadía la opción de uso tanto con ratón como con *joystick* para apuntar en la pantalla. Esto ocurriría con el Amiga, un protomodelo de lo que ya en los noventa sería el ordenador personal, mostrando un gran avance en los apartados gráficos y de sonido.

Independientemente de la constante pugna tecnológica y comercial por desarrollar estas máquinas y optimizar su manejo el cual, por el momento, en realidad no dejaba de ser un espacio especialmente fecundo para entusiastas de la informática, la programación e innovación tecnológica, un acontecimiento quedaría registrado en el imaginario popular como símbolo de esta enconada competencia entre megacorporaciones de la informática y, a su vez, de la trascendencia que verdaderamente tendría la creciente sofisticación del ordenador personal y sus múltiples aplicaciones: el spot de la Super Bowl de 1984, dirigido por Ridley Scott.

En Apple estaban cansados de ser una segunda opción frente a IBM. Para competir contra sus modelos de computadoras, en 1983 Steve Jobs y Steve Wozniak planeaban el lanzamiento del modelo de ordenador personal Macintosh 128K. Para la presentación al año siguiente, el spot publicitario destinado al mismo les fue mostrado a Jobs y Wozniak, y les entusiasmaría al instante al contrario que a los directivos de Apple, que preferían algo más confluyente con el ámbito de la informática, es decir, una presentación más formal y aséptica. El anuncio, ideado por la agencia Chiat/Day, se inspiraba en la novela de George Orwell *1984*, y mostraba a una figura femenina ataviada con un *look* deportivo, que portaba un mazo con el que destruía una pantalla desde la que un rostro enunciaba una alocución de intenso tono totalitario. Finalmente, no sin reticencias, se aprobaría la elección del anuncio, que se acabaría convirtiendo en un icono cultural de inusitada relevancia.

El anuncio reunía un mensaje triple: el primero, textual; el temor y la lucha contra lo que parecía ser una dominio totalizador de IBM en el mercado, asociado al totalitarismo reflejado en *1984* y segundo, algo más sutil: presentar a la empresa Apple como adalid de una deontología ética y libertaria frente a los miedos de los norteamericanos ante el incremento del poder la informática y el riesgo de interferencia en sus vidas privadas, junto a un tercero, no del todo intencionado, pero que, con el paso del tiempo, ha adquirido un significado subtextual plenamente coherente con el marco del momento histórico que se estaba viviendo y el ulterior desarrollo de la informática: el desafío venidero que plantearían las posibilidades de las computadoras, sobre todo, la radical diferencia de estos con respecto a los medios de comunicación masivos como radio o televisión, esto es, la interactividad, la relación del usuario con el objeto y sus posibilidades de uso frente al consumo pasivo del contenido televisivo como emisor unidireccional de mensajes e información, anticipando su futura infiltración en las casas y la suplantación del lugar del televisor como electrodoméstico principal de consulta y entretenimiento, que devendrá en la evolución de una imagen que nos puede resultar muy familiar: cuando antes podía verse a los padres leyendo el periódico u oyendo la radio mientras los jóvenes veían películas y series en la televisión, hoy, en cambio, lo más habitual sería ver a los padres viendo un *reality show* en la televisión mientras los hijos hacen uso del ordenador.

Teléfono móvil

Philippe Kahn fue un apasionado de las matemáticas y la música. Obsesionado con la tecnología inalámbrica, a lo largo de los primeros noventa intentó realizar el proyecto de un invento llamado Turbo Pascal orientado a la sincronización de dispositivos electrónicos sin necesidad de cables. Fue en 1997 cuando su vida recibiría, a la vez, una doble sacudida en forma de doble nacimiento. A este científico de Silicon Valley no se le ocurrió otra cosa, en mitad de los momentos más agitados del parto de su mujer, que conectar su teléfono móvil modelo Motorola Star TAC a una cámara de fotos digital, consiguiendo habilitar un programa con el que enviar la imagen del parto por correo electrónico a amigos y familiares. Ese día nacieron su hija y el primer prototipo de móvil con cámara. En 1999, Kyocera, empresa japonesa de telefonía, presenta el Kyocera VP-210, el primer teléfono celular de la historia con una cámara frontal integrada. Este artilugio tecnológico comenzaría a modificar las experiencias del mundo y sus formas de relación humana del siglo XXI para siempre. Un cambio cuyas consecuencias están aún por verse.

Wikipedia

El proyecto Nupedia, basado en el acceso a una suerte de enciclopedia cibernética en línea y de acceso libre en el entorno de Internet, tuvo su primer lanzamiento en marzo del año 2000. Pese a ser gratuitos y tener licencia de contenido libre, los textos alojados en esta web pasaban por una exhaustiva revisión por pares, en un procedimiento similar al requerido para la publicación de artículos académicos en revistas especializadas. La idea de una enciclopedia que contuviese material académico no mediado por ninguna institución y de dominio público, suponía una revolución en la información disponible en Internet hasta la fecha. Sólo existía un escollo. El riguroso proceso de revisión y publicación provocaba que se colgara nueva documentación de forma muy lenta, de manera que, en el período de dos años, tan sólo se publicarían veinticuatro textos, una cifra exigua para los particulares tiempos de circulación de información en la Internet, ya que, pese a que la red estaba aún desarrollándose como sistema de comunicación global, la velocidad en que se iban actualizando las páginas web en aquel momento era considerable. Esta demora haría que el emprendedor de nuevas tecnologías Jimmy Wales y el filósofo Larry Sangers, socios y promotores originales, abandonaran el proyecto para centrarse en formatos más ágiles, a instancias de Ben Kovitz, programador informático, que les habló del concepto "Wiki", inspirado en el término de origen hawaiano "wiki-wiki", que significa "rápido". Esta etiqueta se usaba informalmente para aludir a los sitios webs que ya estaban permitiendo a sus usuarios colgar, editar y crear contenido de forma colaborativa. Esto permitía que las páginas se pudieran actualizar casi a diario con nuevo contenido. Al implementar dentro del formato Nupedia la filosofía implícita en este concepto, ya en enero de 2001 nacería la Wikipedia, que devendría en la primera enciclopedia universal de libre acceso y plenamente colaborativa, sin restricciones para cualquier usuario de la red. En efecto, Wikipedia revolucionaría la disposición y uso de la información en Internet, haciendo de esta web la utopía viva del conocimiento humano que Wales y Sangers pretendían. Esta enciclopedia permitiría la elaboración democrática y sin límite de temas, contenido o participantes.

La diferencia entre esta web y el resto de sistemas de difusión de conocimiento es que, además de permitir una libre participación y contribución del público, Wikipedia es palpitante, es decir, supone la primera enciclopedia metacultural en tiempo real que, como un organismo vivo, actualiza su sistema orgánico con flujos constantes de información que lo ajustan y matizan; esto implica que estamos siendo espectadores diarios de cómo una civilización se retrata a sí misma, autodefiniéndose a través de cómo ella misma discrimina y define sus eventos, datos, nuevos conocimientos o movimientos culturales coetáneos casi al momento en que estos están sucediendo. Esta forma de compartir conocimiento y la posibilidad de proliferación y circulación instantáneos de información para ser consultada, modificada, corregida o incrementada, educaría a los usuarios para la creación de blogs, bitácoras o páginas personales y, en un futuro inminente, pondrían las bases comportamentales para las dinámicas de comunicación en las redes sociales.

Youtube

En una cena donde discutían cómo compartir los vídeos de una fiesta, a Steve Chen, Chad Hurley y Jawed Karim, a la sazón compañeros en PayPal, se les ocurrió poner en marcha una plataforma donde poder subir y compartir videos caseros de cualquier índole sin tener que cargarlos en los e-mails, puesto que resultaban muy pesados para aquel formato.

El 24 de abril de 2005, "Me at the zoo" fue subido a Youtube, la plataforma que crearon estos compañeros. En este sencillo vídeo, podemos ver a uno de ellos, Jawed Karim, hablando en el interior de las instalaciones del zoológico de San Diego. Sorprendentemente, el video atrajo a una cantidad ingente de visitantes. Un mes después, Youtube registraba una afluencia de más de 30.000 visitas diarias. Su puesta de largo oficial se produciría antes de acabar 2005. No es necesario mencionar mucho sobre lo que ha supuesto hasta hoy Youtube, cuya repercusión, mucho antes que Facebook o Twitter, cambió para siempre nuestra forma de sentirnos usuarios en Internet.

Pecha Kucha

En un evento destinado a la captación de nuevos inversores para una empresa, celebrado en Tokio en el año 2003, los diseñadores Astrid Klein y Mark Dyham idearon un formato de presentación audiovisual en la que, durante veinte segundos, el relator tendría que ingeniárselas para proyectar veinte diapositivas mientras desarrollaba una presentación atractiva.

Con el tiempo, Pecha Kucha (*cháchara* en japonés), como formato hiperbreve de exposición, ha alcanzado tal éxito que se ha prolongado al mundo de los negocios, empresarial, artístico (los *slam* de poesía son una derivación de este modo de exposición), pedagógicos o divulgativos.

Vaporwave

Conocido por su mezcolanza sónica y visual, este es un subgénero musical y estético nacido estrictamente en Internet alrededor del año 2010. Incorpora en su imaginería íconos informáticos de los años ochenta, efectos de sonido de fallos en antiguos reproductores de cassettes, melodías *synth-pop* o *lettering* tecnoutópico y caracteres gramaticales japoneses. Técnicas como el sampleo extremo, *copy and paste*, *mash-up*, autoedición casera, colaboraciones y composiciones propias conforman esta estética que ha adquirido en los últimos años mucha popularidad y una plétora casi inabarcable de ramas musicales cuya influencia ha ido permeando en los circuitos comerciales de la música popular. Uno de los primeros y más reconocibles albumes de este estilo musical y estético *do it yourself* es *Floral Shoppe*, de Macintosh Plus.

Hipermedia

Cada periodo de la cultura produce un arte
propio que no puede repetirse.

V. Kandinsky

I. Desde el principio, el aforismo ha constituido una escritura transgenérica. Hoy lo es el resto de la cultura de nuestro mundo.

El formato escrito breve demanda reposo; el formato mediático breve, celeridad. Pese a que comparte la estructura de mensaje breve y directo similar a los formatos posmodernos de comunicación de masas, en cambio, la función del aforismo es radicalmente diferente, pues anula en su núcleo un componente esencial en estos formatos hipermedia, a saber: la velocidad. Un aforismo no puede ser consumido de la misma forma que, por ejemplo, un mensaje publicitario. El Aforismo (la forma de leerlo), de hecho, si se quiere (si de verdad se le quiere) se sitúa en la primera línea de defensa contra la velocidad y el ruido.

Walter Benjamin, *La obra de arte en la época de la reproductibilidad técnica* (1936)

La modernidad fragmenta la experiencia, dispersa al individuo entre los estímulos, anulando la profundidad en favor de lo superficial.

Nos somete a una sucesión vertiginosa de imágenes, a un espectáculo continuo que reemplaza la experiencia profunda.

La modernidad nos arrastra hacia un "aquí y ahora" fragmentado.

II. Un escritor que consagra parte de su escritura al fragmento no puede orientarnos hacia una concepción general del aforismo; un teórico o académico, a pesar de sus empeños, jamás podrá llegar a una síntesis integral sobre el aforismo en su globalidad. Por lo que, además de leer escritos aforísticos o analizar estudios teóricos al respecto, hemos de estudiar la multidimensionalidad de los productos fragmentarios y breves que ofrece la cultura que nos rodea (manifestaciones artísticas, musicales y fenómenos sociales multimedia vinculados a la comunicación masiva) y de la cual, en efecto, el escrito breve también es un epifenómeno.

A la historia y expansión del aforismo y sus acumulaciones, su situación actual y los problemas que plantea, se han de añadir estas circunstancias socio-culturales y mediáticas que lo integran en una cultura posmoderna de la multiplicidad de discursos. El aforismo no debería entenderse como un formato literario aislado al que acudir curiosamente: su naturaleza forma parte de una fenomenología que se ha expandido a prácticamente todos los aspectos de nuestra vida, tanto los laborales como los pertenecientes a nuestra esfera íntima y de ocio. Además, las fórmulas de escritura breve cada vez invaden más los terrenos de la publicidad, el espectáculo o la psicología práctica.

Frederic Jameson, *Posmodernismo, lógica cultural del capitalismo* (1991)

> La cultura se ha integrado en el capitalismo de tal manera que ya no hay una distinción clara entre la base económica y la superestructura cultural.

> El arte posmoderno abandona las estructuras narrativas lineales y coherentes, favoreciendo formas fragmentarias como el *pastiche* y el *collage*.

> La experiencia individual se disuelve en un flujo de imágenes y estímulos que resquebrajan la percepción y dificultan la formación de una identidad coherente.

III. No sería intelectualmente honesto seguir identificando –como muchos estudiosos hoy siguen haciendo– al aforismo a priori como lo breve o fragmentario sin obligadas matizaciones, a riesgo de diluirlo entre otras manifestaciones culturales de nuestra época. Esto es debido a que gran parte de la realidad –como se sabe, altamente filtrada por los medios de comunicación masivos y la tecnología y la experiencia sincopada a la que nos exponen– que nos rodea se ha tornado casi como un cúmulo entrópico de *inputs* de brevedad y fragmentos. A las tentativas de cohesionar los cascotes restantes de la modernidad lo venimos llamando posmodernidad.

Omar Calabrese, *La era neobarroca* (1994)

> La era neobarroca privilegia la segmentación sobre la totalidad, la proliferación sobre la síntesis, lo inacabado sobre lo definitivo.

> En la era neobarroca, las narrativas se vuelven fragmentadas y no lineales, reflejando la imposibilidad de construir un relato único en una sociedad globalizada y compleja.

> El espectador o lector contemporáneo debe ensamblar los fragmentos por sí mismo, participando activamente en la creación de significado.

IV. Si el aforismo pretende mantener cierto estatus de entidad autónoma, no debe dejarse diluir entre estos formatos transmedia, pero tampoco volver definitivamente la espalda a estar presente en sus entornos. No puede renunciar a los canales de circulación, su verdadero entorno vital.

Dijimos que el aforismo no era fronterizo, sino interseccional con respecto de los géneros literarios: no los bordea en una informal ambigüedad categorial, sino que los invade y toca, recorriéndolos hasta que se traslada a otros. Esta particular naturaleza de abordaje de la escritura fragmentaria que ya convive simultáneamente con las diferentes formas de expresión a las que accede tiene, además, que insertarse hoy en el ecosistema transmedia en que se despliegan las distintas manifestaciones de la cultura, en lo que el teórico Henry Jenkins llama "cultura de la convergencia", un entorno condicionado por los medios de comunicación en el que estos se interrelacionan junto con las expresiones artísticas, la continua incorporación práctica de los avances tecnológicos y la respuesta participativa de las audiencias sobre todo, en las posibilidades de interacción y de creación que Internet pone a disposición de los consumidores/usuarios, que enriquecen y dotan (crítica, opinión, diálogos, reelaboración, difusión, interpretación...) de nuevas dimensiones a las obras que circulan entre el público.

Henry Jenkins, *Convergence Culture* (2006)

Las comunidades de fans no sólo consumen historias; las toman, las reinventan y las comparten, creando un diálogo continuo con los productores.

La cultura participativa contrasta con nociones más antiguas de espectadores pasivos. Más que consumir contenido, los usuarios lo producen, comparten y reinventan.

La convergencia está remodelando las relaciones entre las tecnologías mediáticas, las industrias, los géneros y las audiencias.

V. Lo artístico consiste en hacer del caos un laberinto y de los extravíos, un testimonio.

David Shields, *Reality hunger* (2010)

> El mérito del estilo reside precisamente en transmitir el mayor número de ideas en las menos palabras posibles.
>
> La ley de los mosaicos: cómo lidiar con partes a falta de totalidad.
>
> En el siglo s. II a. C., Terencio dijo: "No hay nada por decir que no haya sido dicho antes".

VI. Conviene no equivocarse: si se pretende que el aforismo pueda estar en disposición de eclosionar significativamente, debe llegar al público tal cual se manifiesta y no permanecer como una rara esquirla, foco de eruditos o material esquinado de autores oscuros; esos estereotipos ya terminaron. Aunque no hay que dejar de exigirle la calidad literaria mediante la que ha acumulado tal acervo, dicha calidad debe conservar el rigor literario acercándose a las estrategias creativas contemporáneas.

En un mundo cada vez más resonante, si queremos pensar el estatuto del aforismo es evidente (como se está haciendo desde hace un tiempo) que hay que pensarlo dentro del ámbito de las letras, pero esto también hay que pensarlo desde el ámbito del hecho artístico, y este desde el hecho de cultura, y el de esta, desde el hecho social. Como autor, no sólo se habría de pensar en el tecnicismo y trasfondo del estilo y el contenido que se practica, sino en su relevancia artística, su función cultural y posibles implicaciones sociales. En otro tiempo, el artista podía ser una isla perdida en su país, en su cultura o en su época; hoy en día la situación es muy diferente: el autor es una cuestión abierta, tanto como su obra, y ello incluye su relación con los receptores de la misma, estudiando la sociedad de su tiempo y cómo esta interpreta y resignifica las obras que recibe, y si esto supone un hecho de verdadera relevancia para la cultura.

Lo que parece deducirse es que, a medida que ha crecido el acceso de las clases medias a los diversos productos de la cultura y la multiplicación tecnológica de los medios de comunicación hacia un público masivo, se detecta el aumento exponencial con respecto a otras épocas de autores, estudiosos e interesados en el aforismo, todos ellos organizados en función de las lógicas de consumo cultural propias de nuestro tiempo.

Nicolas Bourriaud, *Post producción* (2004)

La postproducción no es sólo un método, sino una actitud: la de navegar por un mundo saturado de signos, reorganizándolos para producir nuevos significados.

En el arte contemporáneo, la fragmentación ya no se percibe como una crisis, sino como una forma legítima de producción de sentido.

La obra de arte ya no es un objeto cerrado, sino un espacio de interacción donde el espectador también se convierte en productor de significado.

VII. El aforismo no se basa en la asistematicidad, sino en un antinormativismo.

Andrew Hui, A *theory of the Aphorism. From Confucius to Twitter* (2020)

Me gustaría preguntar: ¿Es el impulso de producir aforismos una forma de frenar la producción excesiva de palabras, o la exacerba?

Mi esperanza es demostrar que leer aforismo transhistórica y transculturalmente, de forma selecta, como recomienda Nietzsche, es comenzar a descubrir algo sobre sus infinitos horizontes y profundidades inagotables.

El aforismo es una relación dialéctica entre fragmento y sistema.

VII. Hoy en día la forma de expresión escrita con la que cualquier está más cercano es la fragmentaria. En los entornos digitales todos son mensajes cortos, fragmentos, leyendas breves. La palabra no constituye el principal canal de comunicación, sino que conforman un conjunto de signos adyacentes a las imágenes. Salvo lectores de rutinas firmes, la pantalla ha ganado al papel como primer soporte donde el ser humano hoy en día lee. Si las imágenes mediadas por pantallas corren como ríos desbocados, la hoja de papel se ha tornado como el remanso de un lago, en el cual no todos los sistemas nerviosos son capaces de descansar, debido al alto ritmo de consumo de información al que están habituados a verse expuestos.

Si preferimos ver series al cine, seleccionamos nuestra música en *playlist* en lugar de escuchar álbumes, pasamos el tiempo en el metro salteando entre videos de Youtube, asumiendo una coloquialidad absurda en los mensajes de WhatsApp... todos acabaremos leyendo aforismos: es cuestión de *timing*. La pregunta es: ¿qué clase de aforismos acabaremos leyendo?

Carlos Scolari, *Cultura snack* (2020)

Cualquier estudio dedicado a las miniaturas o los objetos en pequeño formato, incluidos los microformatos mediáticos que conforman la cultura snack, estará sometido a las rigurosas leyes del coleccionismo: no se puede tener todo. La *Wunderkammer* de los formatos breves se extiende a lo largo de una serie inacabada de habitaciones. Postales. Epigramas. Aforismos. Microficciones. *Breaking news*. Videoclips. SMS. Tuits. Posteos. *Spoilers*. Tráileres. Mobisodios. WhatsApps. *Sneak-peeks*. Webisodios. Por más que el autor se haya esmerado, siempre faltará alguna pieza para completar el álbum de las miniaturas mediáticas.

Cultura snack en diez píldoras: Brevedad. Miniaturización. Fugacidad. Fragmentación. Viralidad. Remixabilidad. Infoxicación. Movilidad. Aceleración. Afterpost.

A medida que se complejiza la ecología de los medios gracias a la emergencia de nuevos medios/plataformas, formatos (hiper)textuales, narrativas transmedia y prácticas de producción/consumo, la dieta mediática de los sujetos se extiende más hacia los extremos del espectro textual: se producen y consumen más textos, cada vez más breves, cada vez más extensos.

Derivas

No es desde dónde tomas las cosas,
se trata de hacia dónde las llevas.

Jean Luc Godard

En la segunda tesis de este escrito, se planteaba el ejemplo de la producción inflacionaria sufrida por las obras de arte abstracto en el espacio de unas pocas décadas hasta agotar su discurso, lo cual desembocaría en la multiplicación de obras sin originalidad y sin rastro del planteamiento disruptivo que tuvo en sus inicios, entendiendo esta deriva como un destino posible a partir de una presumible sobreproducción de libros de aforismos desprovistos de capacidad para añadir nada destacable a un avance apre-

65

ciable de las formas de escritura breve. Cada vez abundan más obras de esta naturaleza aspirantes a ser inscritas en la tradición aforística. Todo registro de trazo reflexivo debería tener el objetivo de dejar al final de su formulación un inequívoco aire de puntos suspensivos, intentando esforzarse en no perder su vocación de llamado al estímulo crítico, evitando convertirse en una mera colección de vagos impresionismos poéticos, refranerías refritas o ingeniosidades chispeantes. Conviene esforzarse en desterrar el provincianismo de los juegos de palabras circunscritos al propio idioma, *boutades*, parafraseo cliché o ingenios de perogrullo que, más que enriquecerla, restan ambición a esta escritura. La repetición de fórmulas gramaticales mimetizadas hasta el paroxismo aboca a esta escritura a un modelo romo donde la pobreza léxica delata la obscena holgazanería intelectual del diletante que pervive entre el ensamblado e intercambio de lugares comunes y ocurrencias desprovistas de calado literario y mucho menos filosófico, alrededor de los cuales ha solido orbitar el valor del aforismo. Es evidente que las circunstancias históricas y culturales del aforismo difieren de las del arte abstracto. Entonces, ¿en qué condiciones podría sucederle al aforismo algo como el agotamiento del arte abstracto? Ante el riesgo de inflación, hay que entender que, en nuestra cultura, condicionada por la preeminencia de las lógicas de mercado, ahora mismo todo es inflacionario, es decir, hay mucho de cualquier cosa, si bien, ante esto, no nos conviene quedarnos en esta tautología si queremos ganar algo de perspectiva crítica ante lo que puede suceder con el aforismo.

No sólo puede darse una situación de sobreproducción de obras aforísticas en papel. El ecosistema digital es un fenómeno transversal, determinante en nuestra época, que implica a la cultura, a la sociedad y a la tecnología, que cabe considerar si queremos encuadrar las posibles derivas de esta escritura, ya que las nuevas manifestaciones que están ocurriendo en Internet permean nuestras formas culturales y sociales tradicionales, modificándolo todo. En el informe elaborado por Data Reportal, "Digital 2024: Global Overview Report", el tiempo promedio que un usuario emplea cuando navega por Internet es de seis horas y cuarenta minutos. Estamos hablando de que, si excluimos el tiempo destinado al sueño o al trabajo, cerca de un 60% de nuestro tiempo de vigilia estamos relacionándonos de alguna manera, y desde algún soporte electrónico, con la esfera digital. Tomemos en cuenta los hábitos digitales de un usuario medio de nuestro tiempo; el salto de posts escritos a vídeos, de ahí a escuchar/ver una nueva canción en Youtube, revisar la bandeja de correo y la consulta de noticias, del *spam* a memes, de leer/escribir comentarios a poner *likes*, todo ello forma parte del hilo discontinuo de atención multisensorial de los usuarios no sólo en las redes sociales, sino ya en todo internet. Y contando con que se disponga de tiempo para realizar estas consultas digitales sin la obligación de estar intercalándolas con otras tareas analógicas como trabajar, desplazarse o labores domésticas, lo cual, realmente, es la situación que suele darse con mayor frecuencia. No es que en este momento exista un canal preponderante sobre los demás para acceder a la información, es que lo que impera es la permanente absorción de información de una forma multifocal; las fuentes de la palabra, la imagen (fotográfica o en movimiento) y el sonido interconectadas en una plétora polimorfa de estéticas comunicativas.

En nuestro tiempo, no podemos sustraer prácticamente ningún aspecto de nuestra cultura de su proyección en las esferas digitales. Por supuesto, tampoco la producción escrita de aspiración literaria. Debido a las nacientes prácticas y lenguajes y a las políticas editoriales recientes orientadas a las manifestaciones comunitarias en la red, la multiplicación de este tipo de obras donde la calidad literaria y la originalidad son palmariamente deficitarias parece que irá en aumento. Pero no sólo eso, sino que, por la propia naturaleza estructural de las plataformas, las redes sociales se prestan derivativamente al empleo de formas de breves de comunicación escrita, yuxtapuestas e interconectadas, por supuesto, con imágenes y piezas audiovisuales. De hecho, esta confluencia de información en estos entornos puede constituirse en uno de los fenómenos más importantes que se podrían tener en cuenta para abordar proyectivamente el devenir de ciertas formas de escritura breve ya que, pese a no ser específicamente aforismos, la escritura fragmentaria de la red sí se entremezcla con aforismos y se fusiona en expresiones de vocación literaria, merced a figuras de autores que no se encuentran en ningún caso incómodos en la expresión escrita exclusivamente dentro de la red y sus lenguajes. Como ejes argumentales para sostener esto, querríamos tomar algunos datos expuestos en los ensayos *El fin de la escritura* (2024), de Fernando Peirone, y *La lira de las masas* (2019), de Martín Rodríguez Gaona.

Fernando Peirone se pregunta en su ensayo si la escritura habrá llegado a su final, dentro de este contexto capitalizado por lo digital. Con la idea de cartografiar la evolución de la escritura, elabora una cronología que determina tres etapas relativas al uso del lenguaje: la etapa *pre-logos*, correspondiente a una forma de narración donde el vector axial de transmisión era oral; la etapa del *logos*, desde los escritos griegos pasando por su momento cenital en el proyecto ilustrado en Occidente y el auge del cientifismo; y, por último, la *post-logos*, la que nos interesa en este contexto y en la que nos encontramos actualmente, caracterizada, según Peirone, por una doble escisión: por un lado, las clásicas narrativas logocéntricas convencionales a través de la comunicación por el lenguaje, y por otro, en la que existe un modelo de comunicación que el autor llama *producciones informacionales*, cuya evolución dentro de los entornos digitales "hizo que se desclasificaran de la matriz logocéntrica y desarrollaran una narrativa social divergente, cuya lectura se aparta significativamente de la lectura lógica, lo cual redunda en un abandono paulatino de la escritura". Estas producciones informacionales se caracterizan por tener "rapidez, accesibilidad, transversalidad, interoperatividad, versatilidad, retroalimentación y un gran flujo distributivo", sostenidas por un conjunto de "interfaces intuitivas que facilitan connotaciones". Los lenguajes que operan en estos entornos se caracterizan por la emanación de nuevos signos en los que encapsular significados tanto informativos como afectivos, tales como el emoticono; "un conjunto de piezas comunicacionales", el cual "generó el primer desplazamiento de la escritura hacia una narrativa de tipo icónico o visual" que, junto a conductas circunscritas al manejo y circulación de estas nuevas vías expresivas, han dado con un léxico paralelo con el que comunicarse y transmitir información *on line* de libre disposición, operatividad y combinación entre los usuarios y las comunidades entre estos. Para el autor, uno de los momentos decisivos en que estos nuevos lenguajes se desgajaron del logocentrismo "se produjo en el momento en que la multiplicidad pasó a mano de los usuarios y se crearon las condiciones de posibilidad para una externalidad que no estaba prevista", algo que dejó sin respuesta a los sistemas e instituciones implicadas en el orden interno de estos escenarios. Según el autor, este permanente cambio está siendo tan dramático que "se produjo un cambio en la construcción de sentido y, consecuentemente, en la manera de valorar y percibir el mundo de la vida, incluida la dimensión política y los modos de existencia".

En *La lira de las masas*, se disecciona una de estas manifestaciones oriundas de los espacios digitales que siguen sus propias formas de desarrollo, independientes de cómo se organizan, difunden o promocionan en las narrativas de la realidad analógica o en los medios de comunicación tradicionales. Hablamos del fenómeno editorial de la poesía española en red que acontece en torno a una generación de escritores que encuentran en Internet, especialmente en redes sociales y blogs, un terreno propicio para publicar obra escrita, ya sin la necesidad de encontrar a editoriales interesadas en sus obras para darles exposición pública en forma de libro. En lo que concierne a la aceptación de los poetas digitales, Gaona indica que "no se puede comprender, sin tener en cuenta el predominio de la autogestión para la producción simbólica posindustrial. En consecuencia, en la actualidad un hábil gestor de comunidades virtuales puede llegar a ser reconocido como el mejor poeta (en el razonamiento que equipara "mejor" con "más aceptado"). En una cultura condicionada por las políticas de mercado, que espectaculariza todas sus producciones, el *like* está sustituyendo a la calidad, el posteo a la publicación o el *follow* al prestigio.

Lo que Gaona analiza, en cierto modo, tarde o temprano podría resultar aplicable al aforismo. De hecho, en ocasiones, si se analiza al detalle, se publican, con la red como origen, determinados libros que son clasificados como poesía pero que poseen formatos muy semejantes al aforístico o, cuando menos, con un tipo de prosa poética desprovista de estructuras líricas formales que parecen construidas como un conjunto de frases paraaforísticas espaciadas como versos a base de golpes de *Enter*, cuando no meros fragmentos de texto lírico más propios de los libros de aforismos. El aforismo como (para algunos) aspirante a género literario, ha de confrontar la paradoja de subsistir en una economía editorial –y digital– del *influencer*, entre las multitudinarias prácticas pomposas del *fandom*. Asistimos a la era cuyos afluentes comunicativos parten de lo visual y la exposición que, junto a la constante estetización de los contenidos transmediales, constituyen la mayor de las características que cualquier producto cultural ha de tener para generar interés en los usuarios digitales (o sea, los avatares cibernéticos del público), es decir, para "llamar la atención". Consideremos, por ejemplo, expresiones como "dar visibilidad" cuando se quiere difundir cualquier causa u obra; la normalización de uso de este tipo de enunciado denota el tipo de referencia que se busca en nuestro tiempo, porque es precisamente lo único que hoy puede manifestar su existencia llamando la atención, ya sea a base de hacerse imagen o producir una exposición escrita de tal naturaleza (generalmente íntima, pornográficamente íntima) que remita a sensaciones afectivas similares a las que se tiene cuando se ha estado mirando algo.

Parece que los perfiles sociales han contribuido al intercambio de parte de interés del valor de la obra escrita por el valor de la imagen del escritor, figura cuya sociabilidad la hace más accesible que en otras épocas. "El libro no me interesa demasiado, pero el autor mucho" (Juan Ramón Jiménez, en respuesta a José Bergamín sobre la estimación de su poesía). La figura de un escritor desconocido y críptico cuyo misterio ofrece una irresistible atracción hacia su obra ha dejado de ser sugestiva. Se trata del amanecer del *prosumidor*, usuario de las plataformas y las gramáticas cibernéticas y, a la vez, productor de sus contenidos vernáculos. El prosumidor digital, en el rol de escritor, postea a diario, consciente de estar comunicando a una audiencia con la que puede interactuar, a la que se dirige con sus escritos o con citas y recomendaciones de otros autores, que retwittean sus post perpetuando esta práctica que vincula a usuarios y autores dentro del influjo de un sólido y cómplice sentimiento comunal. Al igual que los escritores o los poetas nativos digitales, cada vez más escritores de aforismos se dan a conocer a través de sus perfiles sociales en la red, replicando estas conductas.

Tanto el criterio literario como el interés del público está viéndose modificado a partir del éxito de estos nativos digitales que escriben en las redes. Ahora, determinadas editoriales especializadas o divisiones de grandes conglomerados del libro, antes del criterio de un especialista o comité, tienen en consideración la popularidad del perfil del escritor. Para Gaona, "el éxito de los prosumidores transmediales en un inicio, revitaliza a una alicaída industria editorial" y, citando a Marcus Versus, añade: "Me voy a atrever a decir que no hay ninguno de los que han salido ahora que esté destacando por su calidad poética. Está destacando por su cantidad de ventas". En estos espacios *on line*, no es ya únicamente el contenido de la escritura lo que los seguidores buscan, sino todo un nuevo alfabeto que comprende elementos posturales, afectivos, visuales y vinculantes con los que sentirse representados, que establecen fuertes códigos de pertenencia a la comunidad de la red. Frente al viejo elitismo artístico que primaba la calidad de la obra de arte, ahora es la vinculación de grupo en torno a la fama del *influencer*, similar a los fenómenos de los fans adolescentes alrededor de una *celebrity*, lo que determina el éxito literario de este tipo de figuras. Esto le confiere una libertad creativa y de circulación inusitada, muy alejada de los tradicionales circuitos preceptivos que establecen el estatus y la calidad literaria. Nos encontramos en una situación de transición incierta entre la cultura en crisis de lo que Gaona llama "ciudad letrada" y las nuevas prácticas, caóticas y saturadas, de la publicación en Internet, la cual, a lo primero que afecta, por la naturaleza del ecosistema digital en sí, es a los formatos de escritura breve.

Estos fenómenos expansivos de literatura autónoma generada en Internet cogen al aforismo aún inmerso dentro de sus propios procesos que buscan discursos homologadores con respecto a su historia y delimitación, enclavado, además, en medio de este dramático proceso de mutación de las prácticas de lecto-escritura de escenarios analógicos de la sociedad posindustrial hacia las propias del entorno de Internet que ya forman parte de la sociedad de la información. Quizá pudiera llegar un momento en que, contra estas tendencias actuales, hubiera que acometer el oficio de desambiguar al aforismo (no desde el purismo, pero sí desde alguna forma de radicalidad) para que se le desprendan la película de connotaciones que entre el gran público se le pueda estar atribuyendo, provocando que se le confunda con otros subgéneros literarios con los que se entremezcla. Pero, ¿por qué hacer eso, si el caso es que estas tendencias, con Internet como centro, están provocando que los géneros, tal y como los conocemos, estén pereciendo? Si se quiere que el aforismo sea –o siga siendo– leído con entidad propia, tendrá que caminar por la necesaria transversalidad mutante de la red que influye en la escritura por completo. Si se quiere que tenga un porvenir, habrá que darle un sitio en la actualidad, no pretendiendo que sea una curiosidad inofensiva que no salga de una popular marginalidad dentro de una endogamia semiclandestina y sibarita de ciertos grupúsculos editoriales o amiguismos de gremio. Esperemos que los estudiosos y autores más veteranos sepan ver la dimensión de estas transformaciones y no queden arrinconados en torno al aforismo como esas antiguas sociedades del siglo XIX que se juntaban semiclandestinamente para compartir su pasión por invocar antiguos espectros.

El aforismo no tiene futuro, tiene porvenir

Cuando un pensamiento se deja amonedar en un aforismo, puede alcanzar la velocidad de un proyectil.

Séneca

Contrariamente a lo que pudiera diagnosticarse, estas nuevas prácticas transliterarias están dando un nuevo brío a las formas de escritura, haciendo que las nuevas generaciones se interesen por el conocimiento y acometan nuevas formas de creatividad, reconfigurando las estructuras donde las obras se insertaban. Pese a que las nuevas praxis de la escritura, fusionadas con las formas alternativas de comunicación propiciadas por Internet, estén modificando la concepción del logocentrismo preponderante y pueda parecer que la escritura como transmisión de conocimiento y modalidad epistémica esté en crisis, ¿no será que esta extensión en el universo digital representa un campo expandido de la conciencia comunitaria de participación generativa de cultura? La mayoría de formas de producción de cultura no sólo se han desplazado a Internet, sino que se han multiplicado y mejorado, ya no siendo mediadas por instituciones, sino por las adiciones de comunidades y de usuarios que participan en la creación de un todo alternativo que está desterrando las antiguas formas de configuración de la cultura como instancias legitimadoras. Quizá lo que ocurra es que las convulsiones de la red no estén suponiendo una merma en la escritura, sino que está confiriéndole nuevas aristas de dimensiones proyectivas desconocidas, inexistentes hasta ahora. Muchos de los procedimientos de creación han ido trasladándose a Internet, conformando un escenario mucho más democrático, pleno de posibilidades creativas. Contra lo que hubiese parecido lo normal, no es el mundo en Internet lo que se parece a la sociedad, es la sociedad lo que se va pareciendo cada vez más al mundo en Internet. Si el aforismo quiere tener y mantener su vigencia, ha de inscribirse dentro de los flujos de estos cambios contemporáneos, siendo sensible a sus reverberaciones, comunicándose con las herramientas adecuadas a las generaciones que, a la vez, lo provocan y protagonizan, entendiendo que, para estas, la pantalla es el papel y jamás está en blanco. Se hace crucial el comprender su necesidad de hipercomunicación constante a través del contenido sin interrupción en la red, evitando la mirada despectiva y los tics de elitismo anacrónico de los intelectuales. Tanto para su devenir como para su estatuto dentro de estas transformaciones, se ha de pensar de forma integral, introduciendo la reflexión sobre sus derivas dentro de los profundos cambios que la tecnología está propiciando en las letras. Estas metamorfosis urgen a una reconsideración del humanismo desde su propia esencia, algo que atañe a las letras y a las artes y, por supuesto, han de concernir al aforismo como expresión vocacionalmente inclinada a la profundidad reflexiva, esto es, a un inquirir constante que, en estos nuevos contextos, sin duda, nos seguirá manteniendo humanos, demasiado poshumanos.

Además de su evolución como modelo de escritura dentro de las circunstancias que lo rodean, ¿qué otras vías expresivas poco transitadas podría asumir el aforismo para seguir renovándose? Lo que hay que considerar es si el pensamiento aforístico puede inscribirse como vía expresiva en otras tradiciones gnoseológicas no cartesianas y hacer del pensador aforístico un viajero cognitivo que se vea obligado a mudar su pensamiento y no enclaustrarse en la figura de un sencillo literato tahúr experto en encapsular pensamientos azarosos dentro de cabriolas lingüísticas. En este momento nos viene a la memoria la gran consideración en la que Ortega y Gasset tenía a la obra de Rabindranath Tagore, la cual supuso un gran descubrimiento para el filósofo. Ortega admiró la profunda mística que emanaba de la poesía del autor bengalí junto a la perfección formal de sus escritos. En un artículo de 1918, lo reconoce como un poeta "indo", que quiere decir que se trata de un autor alejado de ligazones nacionales o históricas, que viene desde algo mucho más puro y esencial que de lo contingente. En su admiración y análisis le confiere una universalidad (pese al indudable tinte asiático) a la que Occidente debe mucho. Por inclinación personal, querría hacer extensiva esta universalidad a la especial unificación entre religión, poesía, cotidianidad y trascendencia de otras culturas como las orientales, muchas de cuyas ramas pueden impulsar la escritura aforística y viceversa, tal y como, por ejemplo, se ha comprobado en el caso del haiku, propiciando entre este y el aforismo un heterogéneo diálogo simbiótico entre formas literarias provenientes de entornos culturales distantes. Al fin y al cabo, ¿no viene a ser la escritura una invitación profunda a estados particulares de la conciencia? Esta sugerencia se ha desplegado con más claridad en tradiciones asiáticas donde los bordes entre práctica espiritual, reverencia a lo cotidiano o contemplación filosófica se plantean con menos nitidez que en nuestras culturas clasificatorias. Tomemos, por ejemplo, la referencia de una de las formas aforísticas japonesas más enigmáticas, de raigambre taoísta, el Zengo. En la filosofía Zen se llegó a alcanzar una forma de grado cero de la escritura de contenido filosófico-contemplativo, como si en un tiempo y espacio imposible, constructos culturales como la abstracción pictórica y la escritura concisa tuviesen un encuentro en pictogramas de una sola palabra, provistos de insondables evocaciones mentales de la existencia: silencio (Moku), vacío (Mu), quietud (Jing), círculo (enso); aforismos de una sola palabra. ¿Pudiera ser este sincretismo extremo quizá una de sus rutas posibles, el devenir de un concepto de escritura y reflexión que, cual uroboros, completase una trayectoria que le llevara a tocarse con su principio para, quizá, conducirse hasta un silencio originario desde cuyo centro volver a nacer?

En su historia y ramificaciones, como espasmo del asombro humano que es lo aforístico, ha demostrado que, desde lo profundo de su solipsismo, discurriendo incesante como corriente subterránea por las cavidades del saber, termina emanando, irreductible, en un reflejo apátrida que lo conduce indefectiblemente hacia nuevas rutas expresivas, y, pese a que ello pudiera condenarlo a reductos de indiferencia y olvido, termina atrayendo a espíritus afines a su estirpe. A la luz de sus circunstancias actuales, proclives al sobreuso de sus fórmulas y la explotación de sus nombres más célebres, quizá no quede tan lejano el día en que, desde su propio interior, haya que colocar cargas explosivas en sus líneas de flotación, para que, de nuevo, asiéndose a los pocos pecios que pudieran quedarle a flote, vuelva a mostrar lo mejor de su esencia: dotar a los márgenes más oscuros de la realidad del fulgor del rayo de la inteligencia humana. ¿Atentar contra lo que se crea? ¿Cómo hacer esto sin incurrir en paradojas inconsistentes? El aforismo es propicio a la siembra esteparia, a la lejanía de su propia lejanía. Por cada creador puede abrirse un camino para el aforismo: es la única forma de proseguir por los senderos oblicuos que han caracterizado su expansión, abandonando excesivas disquisiciones parateóricas que lo bordean y lanzándose al riesgo de la labor creativa en lugar de transitar por los entramados escolásticos que osifican su inagotable sustrato. De una manera u otra, hasta el momento, los autores actuales no han estado haciendo otra cosa que replicar de diversos modos el aforismo; de lo que se trata es de reinventarlo, así que sigamos la norma acaso más fructífera que puede conducirnos a ello: *nulla dies sine linea*.

El aforismo no tiene futuro, tiene porvenir. El futuro le llegará, pero su porvenir habrá que extraerlo, volviendo, de nuevo, a la pregunta: ¿pero, qué es lo que era el aforismo?

POSTFACIO

Este opúsculo no tiene punto de partida, y mucho menos punto final, más allá de ser una extensión de unas pequeñas notas manuscritas con consideraciones propias sobre el aforismo y la situación que eventualmente puede determinar alguna de sus circunstancias, tomando como referencia algunos puntos candentes de las relaciones entre su naturaleza (siempre en cuestión) y actualidad que, a nuestro juicio, hemos creído advertir. Se trata de trazos cuyas consecuencias reflexivas iniciadas antes, durante o después de su exposición, naturalmente podrían y deberían seguir desarrollandose, tanto desde las consideraciones del que las expone como de quienes pudieran querer contradecirlas, puntualizarlas o seguir explorándolas.

Pensar sobre algún asunto cuya actualidad está transformandose sin cesar, posiblemente nos aboca a un presumible fracaso, ante el cual quede tan sólo un testimonio escrito sin demasiado interés más allá de lo anecdótico. Sin embargo, este fallo puede resultar de utilidad para el acierto de otros en el esclarecimiento de los asuntos que se tratan en el tema. De hecho, consideramos que mucho de lo que hoy forma de parte de las bases firmes de nuestra realidad, no existiría sin las falencias que quienes fueron dejando testimonio de sus impre(ci)siones. Si así acaba siendo, por lo menos sirva este escrito para ello. Nos quedará contentarnos con el aforismo de Vicente Verdú: "Dios nos libre de haber *completado* nada".

Noviembre, 2024

FUENTES BIBLIOGRÁFICAS

Benjamin, Walter, *La obra de arte en la era de la reproductibilidad técnica.* Ítaca, México D.F., 2003.

Berardi, Franco, *Generación post-alfa.* Tinta limón, Buenos Aires, 2007.

Bourriaud, Nicolás, *Postproducción.* Adriana Hidalgo editora, Buenos Aires, 2014.

Calabrese, Omar, *La era neobarroca.* Cátedra, Madrid, 1989.

Fernández Muñoz, Demetrio, *La lógica del fósforo. Claves de la aforística española.* Themata, Sevilla, 2020.

Hui, Andrew, *A Theory of the Aphorism.* Princeton, Princeton University Press, 2019.

Jameson, Frederic, *Posmodernismo o la lógica cultural del capitalismo.* Paidós, Barcelona, 1991.

Jenkins, Henry, *Convergence culture.* New York University Press, Nueva York, 2006.

Peirone, Fernando, *El fin de la escritura.* Fondo de Cultura Económica, México D.F., 2024.

Recas, Javier, *Una aguda y grácil miniatura. Notas sobre el aforismo*. Apeadero de Aforistas, Sevilla, 2020.

Rodríguez Gaona, Martín, *La lira de las masas*. Páginas de Espuma, Madrid, 2019.

Scolari, Carlos A., *Cultura snack*. La marca editora, Buenos Aires, 2020.

Shields, David, *Reality hunger*. Alfred A. Knopf, Nueva York, 2010.

Sloterdijk, Peter, *Normas para el parque humano*. Siruela, Madrid, 2000.

Varo Zafra, Juan, "El aforismo. Género y concepto". Revue Romane, 96-3:5. John Benjamins Publishing Company, 2010.

WEBGRAFÍA

The Global State of Digital in 2024 (Global Digital Insights): https://www.datareportal.com

Walter Robinson, "Flipping and the rise of the zombie formalism":
https://www.artspace.com/magazine/contributors/see _here/the_rise_of_zombie_formalism- 52184